LE NOUVEL EMPRUNT

ET

LA POLITIQUE DU GRAND LIVRE

PAR

ACHILLE MERCIER

Rédacteur au journal *la Coopération*

> Les comptes relatifs à la fortune publique ne sont
> pas plus difficiles à comprendre que ceux qui
> concernent la fortune de chacun de nous. Ils
> n'ont jamais été embrouillés que par ceux qui,
> sans souci des éclaboussures qui pouvaient les
> atteindre, ont aimé à rendre les eaux bour-
> beuses pour y mieux jeter leurs filets.

UN FRANC

PARIS

ARMAND LE CHEVALIER, LIBRAIRE-ÉDITEUR

61, RUE RICHELIEU, 61

—

1868

LE NOUVEL EMPRUNT

ET

LA POLITIQUE DU GRAND LIVRE

Nous avons tous entre les mains, ou nous voyons chaque jour passer sous nos yeux des certificats uniformément libellés et portant en grosses lettres ces mots : DETTE PUBLIQUE. Ils ne cherchent pas, comme certains autres, à attirer les regards par des vignettes compliquées et par la crudité des couleurs ; la pâte peu transparente du papier ne contient aucune arabesque prétentieuse ; rien de modeste enfin comme leur apparence. Et pourtant, ils représentent parfois le patrimoine d'une famille. Ces inscriptions de rente sur l'État, dont le nouvel emprunt augmentera le nombre si considérable déjà, se réfèrent, par leurs numéros d'ordre, à un ensemble de titres connu sous le nom de

GRAND LIVRE DE LA DETTE PUBLIQUE.

On a souvent dit que jamais aucun siècle n'avait autant que le nôtre accumulé de documents propres à éclairer sur son histoire les siècles qui le suivront. Les feuilles quotidiennes, les brochures, les livres nouveaux, les actes administratifs, les comptes rendus des discussions passionnées des Chambres, contribuent à exhausser cette montagne de livres, qui, suivant Victor Hugo, doit s'élever un jour jusqu'au ciel ; mais de tous ces documents il n'en est pas de plus fécond en graves enseignements et de plus complet que le *Grand livre de la dette publique.*

Les questions financières en effet touchent aux détails intimes de l'existence des peuples comme de celle des individus. Si le père de famille, par une mauvaise gestion de son patrimoine, par de folles dépenses ou des mœurs dissolues, amène à la longue le déshonneur sur son nom et la ruine sur les siens, le gouvernement qui administre sans souci le patrimoine national et dilapide les revenus de l'État arrive non moins fatalement à un résultat semblable. Le passé est fécond sous ce rapport en exemples douloureux. Le monde romain pendant les règnes des derniers Césars ne produisait plus guère que pour satisfaire aux dépenses des cours, à celle d'une armée de dignitaires avides, échelonnés depuis le maître jusqu'au dernier des sujets. La fiscalité l'épuisa, et quand vinrent les barbares, ils ne trouvèrent qu'un cadavre ; une nuit profonde s'étendit pendant dix siècles sur l'humanité. Louis XIV, après ces belles années du grand règne où la gloire des lettres brilla d'un éclat plus vif encore que celle des armes, fut bien près de succomber, faute de ressources, durant la guerre de Succession. La construction des palais, les fêtes, avaient vidé le trésor, écrasé le peuple, et le vieux roi acheva tristement sa longue existence, rongé par les usuriers. L'ancien régime finit plus tard comme un vieillard débauché, ruiné par l'orgie ; il déposa son bilan, laissant la nation en proie à la guerre étrangère et à la guerre civile.

Il n'est donc pas sans utilité de parcourir avec soin les feuillets du Grand livre, et de rechercher quels enseignements ils contiennent. Chaque époque, chaque crise nouvelle a laissé là une trace profonde. Le lendemain de chacune de ces révolutions périodiques que nous traversons depuis soixante-quinze ans, le gouvernement nouveau comble le déficit creusé par celui qui l'a précédé, et augmente ainsi, bon gré mal gré, cet énorme fardeau de plus de 300 millions de rente annuelle et perpétuelle que le pays est contraint de supporter, et qui cause une si grande déperdition de forces. Quelles fautes ont amené cette ampleur de la dette publique ? Les chiffres qui remplissent les colonnes du Grand livre et les multiplient si démesurément ne doivent-ils pas être portés au compte de chaque gouvernement suivant sa part de responsabilité ?

Ces questions semblent avoir été étudiées jusqu'à ce jour d'une façon superficielle ; soit qu'elles n'aient pas obtenu l'attention qu'elles méritent, soit que les écrivains spéciaux aient reculé devant un travail dont la stérilité n'est qu'apparente. Quoi qu'il en soit, nous demandons au lecteur de vouloir bien nous suivre dans l'étude que nous allons faire sur l'esprit du Grand livre. Les chiffres contenus au Livre bleu seront notre base d'opérations ; mais nous éviterons tout étalage de fausse science financière, pour rester autant que possible dans la généralité des faits. Nous nous efforcerons de n'écrire qu'une page d'histoire.

Au surplus, les comptes relatifs à la fortune publique ne sont pas plus difficiles à comprendre que ceux qui concernent la fortune de chacun de nous. Ils n'ont jamais été embrouillés que par ceux qui, sans souci des éclaboussures qui pouvaient les atteindre, ont aimé à rendre les eaux bourbeuses pour y mieux jeter leurs filets.

I

Au plus fort de la crise révolutionnaire, la Convention nationale s'occupa de payer les dettes du gouvernement dont elle avait décrété la déchéance. Elle voulut en cela se montrer fidèle à la déclaration de l'Assemblée constituante qui, dans un moment où le Trésor ne pouvait faire face aux services publics, quand le numéraire se cachait ou fuyait au delà des frontières, avait déclaré : que les dettes de l'État demeuraient sous la sauvegarde de l'honneur du peuple français. La Convention apporta dans cette partie de sa tâche, comme dans presque toute son œuvre, cette passion de l'unité que nous avons poussée depuis jusqu'à ses conséquences extrêmes.

Cambon, dans un rapport imprimé par ordre de l'Assemblée, s'exprimait ainsi :

« La principale base du projet de votre Commission consiste à former un livre qu'on appellera Grand livre de la dette publique ; il sera composé de un ou plusieurs volumes ; on y inscrira la dette non viagère. Chaque créancier y sera crédité, en un seul et même article et sous un même numéro, du produit net, sans déduction de la contribution foncière, des rentes provenant de la dette constituée et des intérêts annuels qui sont dus ; ou, lorsqu'ils ne seront pas déterminés, à raison de 5 p. 100, sans retenue de la contribution foncière des capitaux provenant de la dette exigible à terme ou de la dette exigible soumise à la liquidation. Par cette opération simple, toute la dette publique non viagère reposera sur un titre unique. On verra disparaître de suite tous les parchemins et paperasses de l'ancien régime. Toute la science des financiers pour connaître le montant de la dette publique, consistera dans une addition du Grand livre. »

Ce rapport, qui s'expliquait encore sur les questions de conversion et d'amortissement, et dans lequel les financiers ont puisé depuis à pleines mains, stipulait : que le Grand livre serait fait en deux exemplaires, dont un destiné aux Archives, et que chaque rentier posséderait un extrait d'inscription pour obvier aux cas de destruction des originaux.

La loi du 24 août 1793 admit les conclusions de Cambon, et nomma une commission chargée de liquider la dette publique. Les travaux de cette commission furent longs, compliqués, et durent offrir un singulier spectacle. On y passa en revue les chartes, les cédules, les titres de toute nature constatant la création des dettes du temps passé. Ce fut une dernière et suprême revue du monde féodal, que cette exhibition de parchemins de toutes les époques, revêtus de couleurs et d'emblèmes héraldiques désormais surannés, de signatures gothiques, auxquelles la génération révolutionnaire, dans sa probité rigide, entendait bien faire honneur.

Pourquoi n'en fut-il pas ainsi? Pourquoi, dès l'ouverture du Grand livre de la dette française, faut-il que nous voyions apparaître le fantôme de la banqueroute, de la *hideuse banqueroute,* comme l'appelait Mirabeau ?

Suivant Ramel, ministre des finances du Directoire, les dettes léguées au nouveau régime par l'ancien dépassaient 67 millions de rente perpétuelle ; de plus, il fallait payer les dettes dont la République s'était chargée et qui formaient un total de 72 millions de rente. Leur énumération en capital fournit d'assez curieux renseignements. Les offices, si follement rétablis depuis, figurent dans ce compte pour un demi-milliard ; la société des jésuites pour près de 11 millions ; les agents de change et les perruquiers, collectivement et en un seul article, pour près de 9 millions, etc. Ces charges énormes, formant un total de près de 120 millions de rente, retombaient annuellement sur un pays déchiré par la guerre civile, assiégé aux frontières par l'Europe en armes. La mer, au pouvoir de l'ennemi, ne laissait plus arriver les produits exotiques si nécessaires à la vie ; la population valide étant dans les camps, les usines et les métiers chômaient ; les céréales elles-mêmes devenaient rares ; jamais peuple ne supporta plus effroyable misère. Les faux assignats, que les émigrés jetaient en France par milliards, achevaient de porter au comble le désordre économique. Pendant ces années sinistres, la France pourtant payait toujours l'intérêt de sa dette consolidée. Quand l'argent manqua tout à fait, quand le service des arrérages de la rente en assignats devint illusoire à raison de la dépréciation qui atteignait cette monnaie fiduciaire, l'administration des finances prit des mesures inattendues pour soulager les rentiers. On payait en ce temps-là une moitié des impôts en nature, en blé, en draps, en cuir, etc. Cela permettait de nourrir et d'habiller les troupes. On remit aux rentiers des bons d'objets de consommation à prendre sur ce singulier actif du Trésor public. Et c'étaient les dettes créées pour solder le prix des fêtes de Versailles, les orgies de Louis XV *le Bien-Aimé,* que la France, en 1795, sous le gouvernement tant calomnié du Directoire, acquittait ainsi au milieu d'une héroïque pauvreté !

Il vint un moment où cette ressource, malgré le bon vouloir du Trésor, échappa aux rentiers. Les armées républicaines commençaient à connaître les revers ; les cosaques de Souvaroff menaçaient d'envahir le territoire ; les rentrées en nature suffisaient à peine à l'entretien des troupes, et les 120 millions nécessaires au service de la rente étaient réclamés par le budget de la guerre. Quelqu'un proposa la loterie, qui fut écartée comme immorale. On s'arrêta à une combinaison empruntée à la loi civile. De tout temps on a permis au débiteur malheureux et de bonne foi de se libérer définitivement en abandonnant tous ses biens, ce sacrifice étant considéré comme une limite extrême à laquelle doivent s'arrêter les exigences du créancier. Ce principe a été consacré depuis par le Code Napoléon lui-même au titre des obligations. Il restait alors à l'État pour 1300 millions de biens nationaux, dont la plus grande partie, un milliard, avait été mise en réserve pour l'armée. On reprit la libre disposition de cette réserve, et le reliquat total devint la propriété des porteurs de rente. Un tiers de la dette publique toutefois fut maintenu sous le nom de *tiers consolidé;* les deux autres tiers, sous le nom de *tiers mobilisés*, furent remboursés en mandats que les porteurs pouvaient compenser avec le prix de ceux des biens, restés leur gage commun, qu'il leur plairait d'acheter en adjudication publique. Malheureusement, la crainte d'une contre-révolution qui aurait réintégré les biens nationaux entre les mains de leurs précédents propriétaires, jointe à la difficulté pour les porteurs de se rendre acquéreurs immédiatement, amena une dépréciation énorme des certificats représentant les deux tiers mobilisés, et cette transaction, aussi sage qu'il était possible de l'espérer, entre la nécessité des temps et les droits des intéressés, n'aboutit qu'à un désastre.

Telle fut l'opération nommée depuis *liquidation Ramel*, du nom du ministre qui l'opéra, et qualifiée si durement par des écrivains qui n'en ont pas compris le véritable caractère.

40,216,000 francs de rente annuelle et perpétuelle furent seuls portés sur le Grand livre de la dette publique. Cette somme, que le gouvernement républicain voulut conserver au passif de la nation pendant que la crise du papier-monnaie rendait illusoires les engagements contractés, depuis le 10 août 1792, par la Révolution elle-même, forme la part prise par l'ancien régime dans la création de la dette actuelle.

Le gouvernement consulaire, survenu au moment où s'achevait cette débâcle financière, ne fit rien pour atténuer le mal. Il semble même qu'il ait adopté la doctrine que Saint-Simon préconisait près du régent quand il disait : « Que les dettes publiques sont personnelles aux chefs « de l'État, et que ceux qui leur succèdent peuvent s'en dégager sans « scrupule. » Le consulat se renferma dans les faits accomplis. Aussi le tribun Huguet put-il dire au cours d'une discussion: « Le gouverne-« ment a prouvé qu'il saurait faire honneur à ses engagements person-« nels. Il ne doit pas s'occuper du passé. » Une certaine classe de créanciers pourtant ne fut pas comprise dans cet oubli dédaigneux : ce sont les fournisseurs des armées. Le Directoire lui-même avait pris soin de les sauver des conséquences de la dépréciation du papier-monnaie; ils furent aussi l'objet de la sollicitude du premier consul. Malgré la paix d'Amiens, qui semblait enfin mettre un terme aux longues angoisses de l'Europe, le premier consul n'avait point cessé d'aimer les choses de la guerre. Il accepta, en ce qui concernait les fournisseurs, les dettes du gouvernement précédent; mais leurs comptes furent soumis à une longue investigation et formèrent ce qu'on appelait alors *un arriéré*. Le reliquat de ces comptes fut consolidé en rentes inscrites sur le Grand livre, aux termes de plusieurs lois, dont la dernière est du 20 mars 1813. Cette opération se résume ainsi :

Arriéré antérieur à l'an V................... 5.663.000
Arriéré de l'an V à l'an IX................. 4.591.000

Total............. 10.254.000

Cette somme est indépendante des dettes de la monarchie, liquidées entièrement par Ramel ; elle forme la seule part prise à la création de la rente française par le régime qui commença au 10 août 1792 et se termina au 18 brumaire.

II

La période financière dans laquelle nous allons entrer doit se résumer ainsi : dès le début, diminution aussi complète qu'on l'ait jamais vue de l'impôt en argent, mais extension de l'impôt du sang jusqu'à des limites extrêmes ; puis écroulement final qui, en accablant de maux inouïs le présent, lègue à l'avenir une charge énorme, dont témoignent encore les feuillets du Grand livre.

Pourtant les débuts du nouveau gouvernement eurent quelque chose de merveilleux. Avec la sécurité, première condition du développement de la production, le crédit se rétablit, l'ordre revint dans les finances, la perception des impôts s'opéra en argent et fut désormais assurée par la disparition des dernières traces de la guerre civile. On supprima l'impôt sur les routes ; on diminua l'impôt foncier ; la science scella plus que jamais son alliance avec l'industrie, et, chose inouïe en ces temps de haine internationale, plusieurs hommes d'État anglais visitèrent à Paris une exposition de l'industrie, installée dans la cour du Louvre. Il y eut plus de travail et plus de salaire. Mais hélas ! ce fut, au milieu du malheur des temps, comme une échappée de soleil. Le chef militaire d'alors savait que son pouvoir absolu ne pouvait se maintenir que par la guerre. Elle éclata plus implacable que jamais, et l'Angleterre échappa seule aux coups de l'armée française.

Napoléon, pour forcer dans son repaire son dernier ennemi, s'empara d'une idée émise autrefois par Barère au Comité de salut public, idée fatale, à la réalisation de laquelle s'épuisa la France : le blocus.

Le premier résultat du blocus continental fut une prohibition des matières premières, qui mit aux abois l'industrie; puis des tentatives pour obtenir du climat tempéré et brumeux de la France de quoi remplacer les produits mûris par le soleil ardent des tropiques. Des hommes comme Chaptal ou comme Berthollet se vouèrent à ces essais insensés de production; on planta du coton sur les bords du Rhône, on chercha de la filasse dans la tige du genêt; on demanda du sucre au mûrier, à l'érable, au varech. On emprunta à un spéculateur de la Silésie un procédé pour extraire le sucre de la betterave. Ce n'était encore qu'une expérience de laboratoire, et tous les manufacturiers s'y ruinèrent. Un décret du 15 janvier 1812 n'en fixa pas moins à 100,000 le nombre d'hectares à cultiver en betteraves. Malgré ces efforts, le prix du sucre monta à 6 francs la livre, et la consommation des denrées exotiques et de la plupart des choses nécessaires à la vie diminua à ce point que les recettes du Trésor faiblirent, et que le gouvernement lui-même autorisa la contrebande et partagea les bénéfices avec les contrebandiers. En même temps on vendait aux enchères les marchandises saisies sur les Anglais.

Ces diverses opérations contribuèrent, avec une perception sur les indemnités de guerre, à former le fameux trésor impérial de 200 millions, que recélaient les caves des Tuileries. Le système atteignit enfin la limite extrême de la folie humaine : il s'acharna sur les produits mêmes du travail et, sur toutes les côtes du continent, on vit briller au loin, comme des feux de joie, aux applaudissements stupides des producteurs français, des monceaux de marchandises anglaises.

On récolta bientôt ce qu'on avait semé. La mer étant fermée, le commerce reprit les routes du moyen âge et fréquenta de préférence les marchés alimentés jadis à l'intérieur par les Gênois et les Vénitiens. Evidemment le monde revenait en arrière. En 1811, une grande famine sévit; mais on n'avait pas, comme au temps de Necker, la ressource d'acheter des blés dans les pays barbaresques : les croisières anglaises veillaient. On souffrit, sans pouvoir porter remède à un mal dont le manque de bras nécessaires pour les travaux des champs augmentait l'intensité. Une crise commerciale et financière compléta les maux causés par la famine; l'Europe épuisée aspirait à un dénouement. Napoléon le comprit; il s'enfonça, pour le trouver, dans les déserts de la Russie. On sait ce qui advint.

Rentré à Paris sans armée et presque en fugitif, la première personne qu'il manda fut Mollien, son ministre des finances. L'Europe asservie s'agitait tout entière; il fallait de l'argent et des hommes. L'argent de ses sujets, Napoléon l'avait ménagé; il avait à peine ajouté quelques chiffres au Grand livre; mais son système avait pesé d'un poids si lourd, que vainqueur ou vaincu, il ne devait trouver au retour de sa grande expédition qu'une nation ruinée. Pendant cette course, qui l'avait amené presque d'un trait de la Bérésina jusqu'aux Tuileries, il avait passé la nuit dans la maison d'un maire d'une pauvre commune d'Alsace. Là, s'enquérant des ressources de la localité, il avait pour la première fois entendu parler de biens communaux, et appris qu'il y avait dans toute la France des biens de cette nature, venus de la libéralité des seigneurs ou des couvents, et dont jouissaient les paysans depuis bien des siècles. Mollien dut prendre des mesures pour en faire vendre pour 300 millions, dont le prix devait être converti en rentes sur l'Etat. Frappé dans ses goûts les plus chers, le paysan se soumit pourtant sans murmures. Restait à trouver des hommes ! L'ancien régime percevait l'impôt au moyen d'anticipations, c'est-à-dire qu'on dépensait pendant une année le revenu futur de l'année suivante. Il fallut appliquer ces moyens extrêmes à l'impôt du sang, et anticiper sur les conscriptions futures ; faucher, par exemple en 1813, la moisson d'hommes qui ne devait arriver à maturité qu'en 1814. Encore si ces mesures avaient sauvé la France ! mais hélas ! elle devait succomber malgré la fécondité des conceptions militaires de son chef.

Appelé le dernier près de Napoléon, qui partait pour la campagne de France, Mollien lui annonça que les caisses publiques de tous les départements envahis avaient cessé de se déverser dans la caisse centrale du Trésor. Bientôt, à mesure que l'ennemi avançait, l'appauvrissement du Trésor avançait avec lui, comme la paralysie qui des extrémités gagne jusqu'au cœur. Enfin, un soir de printemps, les collines de Montmartre et de Romainville se couronnèrent de feux que les cosaques du Don allumaient dans les jardins avec les arbres fruitiers en fleurs. Tout était consommé !

III

L'arriéré créé par le premier empire retomba sur le nouveau gouvernement, que la France fatiguée accepta des mains du vainqueur. La liquidation à opérer était plus désastreuse que celles qu'avaient jadis rendues nécessaires la mort de Louis XIV ou la chute de la royauté.

Le 1er avril 1814, les rentes inscrites au Grand livre s'élevaient à 63,307,637 francs. Cette somme se composait de :

Premièrement, le montant de la liquidation Ramel, ci..... 40.216.000

Deuxièmement, les rentes inscrites pour l'arriéré dû aux fournisseurs de la République et créées par le gouvernement consulaire... 10.254.000

Troisièmement, les rentes créées par Napoléon pour les besoins de son gouvernement, savoir :

1° Dette des pays réunis à la France........... 6.086.000
2° Arriéré dû à divers fournisseurs depuis l'an X et réglé en 1809....................... 1.000.000
3° Bons de la caisse d'amortissement....... 5.000.000
4° Dotation du domaine extraordinaire..... 750.000
5° Divers.. 1.637

Total........... 12.837.637 12.837.637

Ensemble.. 63.307.637

On voit par ces chiffres que si Napoléon, durant sa domination, avait épargné le contribuable, sa chute, conséquence de tant de fautes, allait modifier étrangement sa part de responsabilité dans la création de la dette.

Ainsi que le gouvernement consulaire, la Restauration trouva les caisses publiques complétement vides. Mais le ministre dirigeant que les événements venaient de lui imposer, Talleyrand, était homme de ressource. Il songea aux débris du trésor de Napoléon. Par ses soins, un nommé Dudon, déserteur de l'armée française en Espagne, détenu comme dangereux par la police impériale au donjon de Vincennes, fut tiré de prison et chargé d'une mission étrange. Lancé sur les traces de l'impératrice Marie-Louise, Dudon joignit ses bagages à Orléans, et, grâce à la complicité d'un nommé Jannin, natif de Chambéry, officier de gendarmerie d'élite chargé de protéger l'impératrice, il trouva 14 millions en numéraire dans les fourgons, saisit jusqu'à la vaisselle plate, rapporta le tout à Paris et le mit à la disposition du gouvernement provisoire (1). Un fait non moins extraordinaire se passait pendant ce temps au palais des Tuileries, dans lequel venait de s'installer le comte d'Artois. Les amis du prince pillaient les millions restés dans les caves et qu'au moment de leur fuite les membres de l'ancien gouvernement n'avaient pas eu le temps d'emporter. Quand on mit ordre à cet enlèvement, que ses auteurs qualifiaient de *confiscation*, il ne restait, dit-on, que 6 millions, qui furent déposés au Trésor et qui, avec les sommes rapportées d'Orléans, permirent de commencer les services publics.

C'est ainsi que débuta l'administration financière de la Restauration,

____

(1) La mission de Dudon n'est pas sans corrélation avec celle du marquis de Maubreuil d'Orvault qui, au moment de la débâcle impériale, arrêta brutalement et dévalisa une princesse allemande mariée à Jérôme Bonaparte.

qui devint pourtant la plus probe, la plus sage de toutes celles qu'ait eues la France.

Les Bourbons, qui n'étaient pas plus ennnemis que le premier consul des doctrines du duc de Saint-Simon, auraient bien voulu répudier les dettes de celui qu'ils nommaient l'usurpateur; ils trouvèrent une résistance invincible dans leur ministre des finances, le baron Louis : « Je n'ai, disait-il, d'argent que par le crédit, et de crédit que par la « confiance, qui elle-même ne s'acquiert qu'en payant tout. » On s'occupa du budget de 1814. La guerre avait causé de tels désordres qu'on n'inscrivit aucune recette pour les trois premiers mois de l'année, qui étaient ceux de l'invasion. L'arriéré des dépenses du précédent gouvernement fut fixé à 759,175,000 fr.; puis on s'occupa de mettre de l'ordre dans la gestion des finances. Le gouvernement prit dès le début une mesure réparatrice et de bonne politique envers les communes atteintes dans leurs biens par les dernières opérations fiscales de Napoléon. On rapporta le décret qui ordonnait les ventes, et le prix de celles effectuées fut consolidé, aux termes de l'ordonnance du 6 juin 1814, par la création de 2,632,448 francs de rente. Vers le même temps, Louis XVIII inscrivit aussi au Grand livre 1,499,654 fr. de rente, représentant les dépenses qu'il avait faites, pendant vingt-trois ans passés à conspirer contre son pays sur la terre étrangère. Les choses en étaient là, quand une révolution militaire, ratifiée comme toujours par la France après le fait accompli, renversa les Bourbons. Louis XVIII partit de nouveau pour l'exil, emportant les diamants de la couronne et 13 millions en lettres de change fournies par les caisses de la liste civile, des ministères des finances et de la guerre. Réinstallé si soudainement, Napoléon fit face avec tant de promptitude aux besoins du moment qu'on assurait qu'il avait retrouvé cent millions enfouis par lui et échappés aux recherches des hommes de la première Restauration. Cette activité n'empêcha pas la seconde invasion, et la liquidation commencée par le baron Louis s'acheva avec un reliquat plus formidable que celui qui s'annonçait en 1814.

Voici de quelles dettes exigibles presque immédiatement l'Empire en tombant chargea les finances de la Restauration.

1° Arriéré constaté au cours du budget dressé par le baron Louis, en 1814, ainsi qu'on l'a vu ci-dessus.............. 759.175.000

2° Montant des cautionnements de tous les fonctionnaires de l'Empire : chiffre qui, à tort suivant nous, ne figure pas à l'arriéré. L'administration impériale ayant dévoré ces fonds, ils formaient nécessairement un article de dette flottante à la charge du gouvernement nouveau; de ce chef.............. 246.535.000

A reporter.............. 1.005.710.000

Report. 1.005.710.000

3° Dépenses occasionnées pendant cinq mois par la seconde invasion, ci 400.000.000

4° Contributions de guerre fixées par le traité du 20 novembre 1815 et dont les alliés exigeaient le paiement immédiat, ci 700.000.000

5° Entretien de cent cinquante mille Prussiens, Russes, etc., devant former pendant trois ans une armée d'occupation sur notre territoire, ci 400.000.000

Total........... 2.505.710.000

2,505,710,000 francs! En outre la France avait à faire face à une réclamation vague, qui dans l'état des choses causait de vives inquiétudes. Une clause du traité du 5 novembre posait en principe qu'il serait fait un état de tous les dommages causés par les invasions françaises depuis 1792, et que le solde qui en résulterait serait acquitté par nous entre les mains des ayants-droit. Cette clause était un démenti sanglant donné aux victoires passées et aux traités qui en avaient été le résultat. Chacun accourut à la curée, depuis les souverains qui avaient formé la Sainte Alliance jusqu'aux moindres hobereaux allemands, régnant sur deux ou trois hameaux et qui présentaient des notes insolentes remontant à plus d'un siècle. La commission chargée, sous la présidence de Wellington, d'examiner ces prétentions fixa un instant le reliquat total à 1,390 millions. Le gouvernement français résista énergiquement à cette réclamation, qui fut réduite à la somme de 240 millions 800 mille francs. En outre, l'agent du gouvernement anglais réclama au nom de ses compatriotes qui possédaient des rentes au moment de la liquidation Ramel et leur fit restituer les deux tiers mobilisés.

La Restauration fit face à toutes ces charges, soit en payant avec les ressources budgétaires ordinaires, soit en remboursant les dettes avec des inscriptions de rente remises directement aux créanciers, soit en empruntant à des taux qui furent malheureusement désastreux. Ainsi, en 1816 et en 1817, on dut négocier du 5 p. 100 à 57 francs. Mais trois années suffirent à ce gouvernement, si sage en matière de finances, pour solder le reliquat laissé à sa charge par l'Empire. Il convient de fixer par des chiffres le résultat final de cette liquidation, et, pour y arriver, de distinguer les rentes créées au bénéfice des envahisseurs de celles qui ont servi à désintéresser les autres créanciers.

Cette dernière catégorie se trouve composée ainsi qu'il suit :

1° Rentes créées en vertu des lois des 23 septembre et 21 décembre 1814 et 28 avril 1816 pour éteindre l'arriéré résultant des deux invasions.................................... 20.409.292

2° Arriéré postérieur au 1er janvier 1810, création de rentes en vertu des mêmes lois........................... 8.777.629

3° Arriéré antérieur au 1er janvier 1810.................. 1.686.267

4° Prix consolidé des biens communaux 2.632.448

5° Rente à la Légion d'honneur pour ses biens vendus..... 240.000

6° Aux anciens comptables de Westphalie, pour leurs cautionnements gardés par l'ennemi........................ 2.654

Total.......... 33.748.290

Les rentes remises aux alliés à titre d'indemnité de guerre s'élèvent à une somme plus considérable encore; en voici le décompte, dont chaque article est emprunté au Livre bleu :

1° Paiement des dettes de la France reconnues par le traité de paix du 30 mai 1814 et les conventions du 20 novembre 1815. 52.600.000

2° Sommes dues pour diverses causes aux puissances alliées. 18.929.377

3° Créances étrangères (conventions des 20 novembre 1815 et 25 avril 1818)................................ 24.253.168

Total.......... 95.782.545

En résumé, voici la part totale prise par le gouvernement du premier empire dans la création de la dette perpétuelle :

§ I. Rentes inscrites par Napoléon :

Ce paragraphe, dont nous avons donné plus haut (page 11, ligne 5 à 13) le détail, s'élève à...................... 12.837.637

§ II. Rentes inscrites par les Bourbons pour couvrir les dettes d'origine impériale :

1° Arriéré laissé par le gouvernement impérial à la suite des deux invasions........... 33.748.290

2° Indemnité à la Sainte-Alliance........ 95.782.545

Total......... 129.530.835   129.530.835

On voit que le gouvernement de Napoléon Ier a grevé l'avenir d'une charge annuelle de.............................. 142.368.472

C'est le chiffre le plus considérable dont un chef de l'État ait jusqu'à présent grossi la dette française.

IV

Le gouvernement de la Restauration avait bien des plaies à guérir. Outre qu'il fallait mettre un terme à la crise, et obtenir l'évacuation du territoire, on se trouvait en présence d'une agriculture languissante faute de bras, d'une industrie minée à demi par le blocus, et que l'invasion des marchandises étrangères après le renversement des barrières semblait devoir anéantir tout à fait. On prit de grandes mesures qui relevèrent à la fois l'agriculture et l'industrie; mais elles allaient malheureusement dans un sens peu libéral. L'intérêt général étant dominé par l'intérêt politique, on chercha à obtenir des voix dans les Chambres en favorisant les grands propriétaires et les grands usiniers par la prohibition. La classe moyenne, froissée dans ses intérêts politiques, conçut pour la caste dominante une haine vivace, que partageaient les classes inférieures, pleines des souvenirs de l'Empire et souffrant d'ailleurs par suite de l'introduction des machines dans les ateliers.

L'administration d'ailleurs s'aliéna l'opinion publique par ses prétentions surannées; mais si elle eut le tort de considérer la France comme son domaine privé et héréditaire, elle l'administra du moins comme eût fait un bon père de famille. Ses opérations financières le prouvent.

Trois chiffres du Grand livre sont relatifs aux trois événements les plus marquants de la Restauration, événements qui caractérisent bien l'esprit du gouvernement de cette époque : la guerre d'Espagne, l'émancipation de la Grèce, la solution définitive de la question des biens nationaux.

La guerre d'Espagne occasionna l'inscription de 4 millions de rentes. On voit que l'absolutisme, rétabli dans la Péninsule sans grand combat, sortit aussi de cette crise sans grande dépense. L'indépendance de la Grèce figura ensuite au Grand livre pour 3,134,950 fr. Nous jouissions, sans payer aucune redevance, des richesses intellectuelles de la Grèce depuis tant de siècles, que cette dépense peut être considérée comme un faible à-compte sur notre dette. Mais en même temps le sang français coulait alors pour la Grèce, et les artistes, les poëtes lui consacraient leurs plus beaux vers et leurs meilleurs tableaux.

La question des biens nationaux, question sociale par excellence, était autrement grave. La propriété foncière avait passé violemment, presque toute et à vil prix, des mains de la noblesse et du clergé dans celles de la classe moyenne ; puis, par l'effet de la revente en détail, dans celle des cultivateurs eux-mêmes. Ceux des émigrés qui ne revinrent qu'en 1814 trouvèrent un changement complet ; ici des usines installées dans les anciens châteaux, là des moissons couvrant des terrains jadis laissés incultes et réservés seulement pour les chasses seigneuriales. La Révolution avait fait ces merveilles ; mais ses principes eux-mêmes étaient mis en question depuis le retour des Bourbons, et la situation des acquéreurs des biens nationaux ne l'était pas moins. Un grand ministre, M. de Villèle, voulant guérir ce mal profond, crut pouvoir le faire sans porter préjudice aux deux partis opposés, et sans ajouter un centime à la dette publique. Son plan était celui-ci : donner en rentes sur l'État, aux propriétaires dépossédés, un revenu égal à celui des biens qu'on leur avait confisqués ; faire face à ces charges nouvelles avec les bénéfices résultant d'une vaste opération de conversion de la rente.

Cette conception, où le génie de l'homme d'État et celui du financier s'unissent d'une façon si remarquable, ne fut pourtant pas réalisée complétement. Mal comprise par les contemporains, attaquée à la fois par les libéraux dont elle devait calmer les alarmes, par la noblesse dont elle allait reconstituer la fortune, elle fut bien près d'échouer entièrement. L'économie produite par la conversion ne s'éleva qu'à 6 millions environ, tandis qu'on porta sur le Grand livre 25,493,799 fr. de rente pour indemniser l'émigration. Une classe privilégiée s'enrichit donc aux dépens de la majorité, et cette mesure, loin d'apaiser les partis, donna un aliment nouveau à des ressentiments qui devaient amener une prochaine explosion.

Si, à la date du 1er août 1830, pendant que la branche aînée des Bourbons s'achemine pour la troisième fois vers la terre d'exil, on examine les innombrables colonnes de chiffres qui remplissent le Grand livre, on y trouve ce qui suit :

Les rentes inscrites au 1er avril 1814 s'élevaient à........	63.307.637
La Restauration en avait créé pour faire face au déficit de l'Empire	129.530.835
Total des charges qui lui avaient incombé.............	192.838.472
Le 1er août 1830, le Grand livre ne présente plus que....	164.568.100
Différence en moins.................	28.270.372

Ce chiffre forme le total des rentes supprimées réellement, par suite des économies réalisées par le Trésor, de 1814 à 1830 ; il forme un allégement aux charges laissées par les administrations précédentes. Ce bénéfice a été obtenu par la Restauration, malgré les dépenses occasionnées par la guerre d'Espagne, par celles de l'indépendance de la Grèce et par l'indemnité à laquelle l'histoire a donné le nom de *milliard des émigrés*. Des rentes habilement achetées par la caisse d'amortissement avec des excédants de recette avaient produit ce résultat, *unique dans nos annales;* on peut donc dire que le gouvernement parlementaire de la Restauration n'a laissé au Grand livre qu'une page blanche.

V

Les révolutions sont souvent précédées et sont toujours suivies de perturbations économiques. Ceux qui vivaient en 1830 doivent se rappeler l'élan spontané avec lequel la France revendiqua la réalité du gouvernement-libéral et parlementaire. Le drapeau tricolore, reparaissant sur les clochers des moindres hameaux, causa surtout un enthousiasme indescriptible. La dynastie que les événements avaient placée en quelques heures à la tête de la nation commit la faute de ne pas faire, ainsi qu'on le lui conseillait, ratifier son élévation par le suffrage universel, dont l'arrêt, facile à prévoir, eût été, cette fois, rendu librement et sans pression administrative. Il en résulta que les partis extrêmes ne ratifièrent pas le nouvel ordre de choses, et que le règne commença par des émeutes sanglantes. Le commerce eut peur, des faillites nombreuses éclatèrent sur la place de Paris, et l'État dut intervenir dans les affaires privées par un prêt de 30 millions réparti entre les maisons dont l'existence fort compromise était nécessaire à la marche générale des affaires. Ce fâcheux état dura trois années et pesa surtout sur la ville de Lyon, qui devint le théâtre d'un soulèvement dû à des misères sociales. Le budget de 1830, dressé par la Restauration, s'élevait à 983 millions; on dut le refondre et il présenta en dépense une somme de 1,106 millions. La ville de Paris, de son côté, dut faire de grands sacrifices pour procurer indirectement des travaux à la classe ouvrière; elle fit un emprunt de 40 millions destiné à des embellissements.

En présence de cette aggravation des charges publiques, l'administration nouvelle eut le bon sens de ne rien innover dans les règlements appliqués depuis 1814 à la direction du Trésor. Du reste, nul principe économique nouveau n'était sorti de la révolution. Les ministres appelés successivement à diriger les affaires, les Laffitte, les Casimir Perier, ac coutumés à la rigidité, à l'économie, sans laquelle le commerce ne saurait exister, furent meilleurs comptables peut-être que les grands seigneurs expulsés par le peuple. Le nouveau roi, qui donnait sur le trône, chose bien nouvelle en France, le spectacle des vertus de famille, approuva de toutes ses forces ce système, qu'on l'accusait d'exagérer dans la gestion de sa fortune privée. L'amortissement continua de fonctionner, la dette de s'amoindrir ; une opposition parlementaire un peu étroite, un peu taquine, surveilla du moins avec soin l'emploi des deniers publics, et rien dans les finances ne sembla s'éloigner des errements si sages de la Restauration. Cela dura jusqu'en 1840 ; dix années de calme absolu pour le Trésor s'écoulèrent ainsi ; c'est la période la moins accidentée de notre histoire financière. Si elle eût duré plus longtemps, la dette lentement amortie eût enfin disparu.

Un événement inattendu fit sortir la France de cet état de calme que depuis on n'a jamais revu. Les grandes puissances européennes se jalousaient à propos des affaires d'Orient, l'Empire Turc se disloquait, un nouvel État ami de la France semblait devoir s'élever sur ses débris : tout à coup on apprend que, le 15 juillet 1840, les questions pendantes viennent d'être réglées à Londres sans le concours de la France, qu'on semblait ainsi rejeter injustement parmi les puissances de deuxième ordre. Le peuple français tout entier ressentit l'injure, et il en bondit. On chanta la Marseillaise dans les rues, le roi alla jusqu'à dire qu'il prendrait le bonnet rouge ; on remplit les arsenaux d'armes ; on commença les fortifications de Paris. La guerre pourtant n'éclata pas, mais cet incident se termina par des dépenses effrayantes.

Une seconde cause, d'une portée plus profonde et qui était plus durable, modifia encore la situation des finances : nous voulons parler de la création des chemins de fer. En Angleterre, des entreprises privées avaient doté le pays de ces puissants moyens d'échange ; en France on s'arrêta après bien des tâtonnements à un système mixte, qui engageait dans le présent les ressources de l'État, et augmentait le chiffre de la rente en vue d'un bénéfice qu'il faudrait attendre un siècle. Un emprunt de 200 millions, chose inouïe en ce temps, eut lieu à raison des chemins de fer, et désormais le budget présenta constamment des déficits. Celui de 1830 s'élevait à 1 milliard ; celui de 1840 était de 1,100 millions, avec 100 millions d'augmentation seulement en 10 ans ; celui de 1846 atteignit 1,606 millions. La dette flottante augmentait surtout d'une façon considérable. Personne pourtant ne pensait que ces embarras financiers fussent les avant-coureurs de la chute d'une dynastie. Sans doute les débats parlementaires avaient roulé le plus souvent sur de stériles questions personnelles, l'optimisme avait dominé parmi les conseillers de la couronne, mais un mouvement récent de l'opinion publique semblait promettre un avenir plus fécond. Les doctrines du libre échange donnaient naissance à une ligue qui semblait devoir amener une lutte grandiose comme celle de la ligue des céréales en Angleterre ; un mouvement réformiste, qui n'était pas plus à craindre dans ses conséquences que celui qui se termine en ce moment au delà de la Manche, initiait les populations aux agitations viriles de la politique. C'est cette dernière question qui, par un concours d'événements inattendus, amena la révolution de février.

Le 1er mars 1848, le Grand livre de la dette contenait en rentes perpétuelles une somme de...................................... 176.845.367
Le gouvernement de la Restauration en avait laissé pour... 164.568.100

Différence............. 12.277.267

Au premier abord c'était un passif bien peu élevé pour dix-huit années de règne ; mais les déficits budgétaires des dernières années, l'exagération de la dette flottante allaient nécessiter une liquidation embarrassante et grossir la part de responsabilité du gouvernement de juillet dans la création de la dette consolidée.

Voici quelle était, le 25 février 1848, la situation de la dette flottante. Les sommes déposées dans les caisses d'épargne et s'élevant à 355 millions avaient été dépensées ; il existait des bons du Trésor en circulation pour 318 millions ; on avait pris des engagements avec des entrepreneurs dont les travaux étaient commencés, pour une somme de 170 millions ; et il ne restait en espèces disponibles au Trésor, déduction faite des sommes nécessaires au paiement des arrérages de la dette exigible en mars, qu'une somme de 34 millions. Le danger était grand ; rien d'aussi grave ne s'était vu depuis 1814. On calculait que huit ou dix jours à peine nous séparaient d'une suspension de paiements, et certains hommes conseillaient la banqueroute, disant que c'était une bonne affaire. On annonça bientôt que la réserve métallique de la Banque allait s'épuiser. Chose singulière, ce fut ce dernier embarras qui donna naissance aux mesures qui devaient tout sauver. La France eut le bonheur de trouver, comme en 1814, un homme à la hauteur des circonstances. Grâce aux combinaisons à la fois honnêtes et profondes de M. Garnier Pagès, ministre des finances d'alors, l'État préserva la Banque de France d'un désastre, et en revanche la Banque de France sauva le trésor public. Le ministre accorda le cours forcé des billets de banque, ce qui préserva l'encaisse métallique, mais il exigea en échange de ce service un large crédit, ce qui sauva le Trésor. Les sommes ainsi fournies par la Banque permirent de subvenir aux plus pressants besoins. On soutint le commerce par la création de magasins généraux et de comptoirs d'escompte, et on eut enfin la possibilité de liquider la dette flottante, qui fut remboursée en rentes sur l'État.

En 1814, on avait procédé autrement à la liquidation de la dette flottante. Le baron Louis avait refusé alors d'acquitter les dettes du précédent gouvernement au moyen d'une remise aux créanciers d'inscriptions sur le Grand livre; mais les deux situations et les deux époques ne sauraient être assimilées. Lors de la chute du premier empire, les souvenirs de la liquidation Ramel étaient encore vivaces, tandis que l'opération faite par le gouvernement républicain arrivait après de longues années durant lesquelles la rente avait été l'objet d'une prédilection générale. La cote de la Bourse du 6 mars, date de la réouverture du marché des fonds publics, annonçait d'ailleurs que cette liquidation n'aurait pas des effets bien fâcheux. Chaque dépositaire à la Caisse d'épargne reçut du reste un à-compte de 100 francs en argent; le complément de sa créance fut représenté par une inscription sur le Grand livre.

Nous pouvons maintenant établir le bilan exact du gouvernement de Juillet.

§ I. Rentes inscrites par ce gouvernement lui-même :

On a vu ci-dessus qu'elles s'élèvent à la somme de....... 12.277.267

§ II. Rentes inscrites par le gouvernement républicain pour couvrir les dettes du régime précédent :

Cette augmentation de la dette inscrite consiste dans :

1° Consolidation des fonds appartenant aux caisses d'épargne, déduction faite des annulations opérées aux termes de la loi du 7 juillet 1848. .... 10.028.925

2° Consolidation des bons du Trésor émis antérieurement au 24 février 1848............. 13.541.574

3° Diverses compensations accordées en 1848 aux porteurs de bons du Trésor 2.152.786

4° Consolidation de fonds des communes et établissements à tontine..................... 447.476

Total.......... 26.170.761   26.170.761

Ces deux paragraphes donnent, pour toutes les rentes créées du fait du gouvernement de juillet, un ensemble de........ 38.448.028

VI

Le compte de la seconde république est facile à établir.

Au 1er janvier 1852 elle laisse au Grand livre des inscriptions pour..	230.768.863
Elle en avait trouvé, le 1er mars 1848, pour..............	176.845.367
Différence en plus................	53.923.496
Mais elle avait créé des rentes perpétuelles destinées à couvrir le déficit laissé par le précédent gouvernement pour.....	26.170.761
Reste......................	27.752.735

Cette somme se compose de :

1° Emprunt décrété les 9 mars et 24 juillet 1848..........	14.935.387
2° Indemnité pour le rachat du chemin de fer de Paris à Lyon..	6.817.348
3° Indemnité aux colons dont les esclaves avaient été affranchis..	6.000.000
Total égal..........	27.752.735

Ce total représente la part de la seconde république dans la création de la dette consolidée.

VII

Si le Grand livre est le plus vaste des documents historiques de notre siècle, s'il reflète chaque époque, s'il donne la solution de tant de problèmes, cela est vrai surtout en ce qui concerne la période que nous traversons aujourd'hui. Depuis 1852 le gouvernement actuel a parcouru à peu près toute la sphère d'activité que peut parcourir un gouvernement. Il a entamé des travaux publics immenses, dont le plus ou moins d'utilité ne sera apprécié en toute connaissance de cause que par l'avenir; por tant la guerre dans les contrées lointaines, il a acquis de la gloire militaire, mais sans résoudre définitivement aucune des questions pendantes;

enfin, il a remanié les tarifs douaniers. La dette publique relate exacte-
ment par ses fluctuations la multiplicité de ces entreprises gouverne-
mentales. Le gouvernement actuel a désiré aussi la gloire financière et
cherché à refondre le Grand livre. Une première conversion de la rente
a eu lieu, puis une seconde, accompagnée de calculs compliqués et de
visées si hautes que le ministre qui l'essayait semblait rêver la gloire
de M. de Villèle. Cette dernière opération, restée incomplète, sera plus
tard examinée scrupuleusement par l'histoire. Enfin, on a déclaré offi-
ciellement que le Grand livre était fermé.

Nous n'en sommes pas moins arrivés à une dette flottante qu'on fixait
l'année dernière, au cours des débats du Corps législatif, à 1,400 millions, et M. Garnier Pagès a pu dire : « Depuis 1852 jusqu'en 1856 la
« dette s'est augmentée de 110 millions de rente, pour lesquels vous
« avez reçu 2 milliards 993 millions, et, avec les 100 millions de la
« Banque, 3 milliards ; » et M. Jules Favre ajoutait: « Voilà le prix de
« l'Empire. »

Énoncer un jugement sur l'administration présente serait chose inu-
tile ; le lecteur n'est pas assez loin des faits pour en saisir l'ensemble
et les voir en perspective. Nous dirons pourtant quelques mots des
deux opérations de conversion de la rente.

Les deux conversions faites à dix années de distance, et l'une et
l'autre dans un délai si court que les intéressés eurent à peine le temps
de bien s'expliquer l'opération à laquelle ils prenaient part, sont maintenant jugées, non d'après la théorie, mais d'après les résultats dé-
finitifs.

Un rentier nous racontait naguère, à l'approche du nouvel emprunt,
le sort du titre de rente sur l'État qui forme son léger patrimoine.

« Après le renversement de la République, nous disait-il, les journaux officieux annoncèrent que la confiance étant revenue on aurait
désormais de l'argent à meilleur compte, et que par suite le gouvernement ne servirait plus aux rentiers que 4 fr. 50 centimes d'intérêts au
lieu de 5 francs. J'avais 1,000 francs de rente : mon inscription allait
donc être réduite à 900 francs. On annonça, il est vrai, que ceux qui
refuseraient cette réduction devaient être remboursés à raison de
100 francs pour chaque 5 francs de rente. Je consultai les cours de la
Bourse pendant les dix jours qu'on nous laissait pour nous décider ; la
rente qu'on allait convertir se vendait toujours au moins 100 francs.
Je me dis : J'aime mieux toucher un peu moins d'intérêts et laisser
mon argent au gouvernement, puisque les journaux disent que la confiance revient et que je suis certain de retrouver toujours à la Bourse,
en vendant mon titre, les 100 francs qu'on offre de me rembourser.

« Tel était mon raisonnement, Monsieur. Il était faux, il paraît, car la rente n'a fait que descendre, et mon capital que diminuer, comme mes intérêts.

« Plusieurs années après, je n'entendis pas sans étonnement Me Crémieux s'exprimer ainsi devant la sixième chambre de police correctionnelle, au cours d'un procès célèbre : « Sous le gouvernement actuel
« eut lieu la conversion du 5 p. 100, tant désirée sous le règne de
« Louis-Philippe. L'empereur avait sur ce point une idée arrêtée, et
« quand il a quelque chose d'arrêté, il l'exécute; la rente se trouvait
« à 107 francs : sous l'influence de la conversion, elle allait baisser.

« Voici ce qui se passa : la rente était descendue à 102 fr. 50 cent.;
« on espérait qu'elle en resterait là; mais M. Bineau réunit la Banque,
« et dans une séance fort orageuse, voici ce qui fut décidé : *Il faut*
« *racheter à 101 fr. 50 centimes, et maintenir ce taux pendant les*
« *dix jours accordés aux intéressés pour opter entre la conversion et*
« *le remboursement.*

« C'est ce qu'on fit, Messieurs, au moyen de 120 millions de francs
« du chemin de fer de Lyon, et avec le concours de MM. tels et tels,
« que je ne nommerai pas, parce qu'ils sont vivants.

« Ainsi, pendant dix jours, par la volonté du gouvernement, avec
« le concours des banquiers, la rente eut un cours fictif au-dessus
« du pair. Les dix jours expirés, le pair disparut, personne ne l'a
« revu (1). »

« Dix ans après on nous proposa une nouvelle conversion. Le gouvernement nous dit : Il existe des rentes 3 p. 100 et des rentes 4 1/2 p. 100. Si on supprimait ce dernier fonds pour ne conserver que le premier, les rentes 3 p. 100, restées seules sur le marché, acquerraient une telle « élasticité » que loin de se maintenir dans les cours de « 70, 71 ou 72 francs, » elles monteraient beaucoup plus haut. Les porteurs de 4 1/2 feraient donc une excellente affaire s'ils échangeaient leurs titres contre du 3 p. 100. Qu'ils nous les apportent, nous consentons à ce changement, à condition de partager avec eux le futur bénéfice. Ils nous paieront à cet effet une soulte de 8 p. 100 de leur capital.

« La perspective qu'on nous présentait était bien tentante, d'autant que la rente montait, montait toujours. Il est vrai que certains esprits chagrins croyaient cette hausse fictive comme celle de 1852, et qu'à ce propos on lisait au Moniteur du 9 février 1862 ces paroles de M. Émile Ollivier :

« Messieurs, ce qui est illégitime, fait par un particulier, ne devient

(1) Affaire des gérants et du conseil de surveillance de la Caisse des chemins de fer. — Publication de Lévy frères ; Paris, 1862.

« pas légitime quand ce sont des ministres qui le font. Rien ne pro-
« duit une plus redoutable démoralisation dans l'esprit des masses,
« que la découverte qu'elles font en ceux qui, comme nous, se don-
« nent charge d'âmes vis-à-vis d'elles, que la découverte, dis-je,
« d'un double langage et d'une double conduite.

« Or, dans ce moment-ci, vous avez dans tout le territoire de l'Em-
« pire des magistrats honorables qui ont sous les yeux, pour l'appli-
« quer, le code dans lequel se trouve un article 410 ainsi conçu :

« *Quiconque, par des voies ou moyens frauduleux quelconques,*
« *aura opéré la hausse ou la baisse du prix des papiers publics au-*
« *dessus ou au-dessous des prix qu'aurait déterminés la concurrence*
« *naturelle et libre du commerce, sera puni d'un emprisonnement d'un*
« *mois au moins, deux ans au plus et d'une amende de cinq cents francs*
« *à deux mille francs.* »

« Je prêtai peu d'attention à ces paroles, la presse ne faisant pour
ainsi dire pas d'opposition (il est vrai qu'elle ne pouvait guère en
faire). J'ai payé la soulte demandée.

« J'avais une inscription, qui ne s'élevait plus, comme vous le savez,
qu'à 900 francs, de 4 1/2 : on m'en a donné une autre de 900 francs
de 3 p. 100. Il n'y avait que le nom de changé : la soulte représente
les frais du baptême. Depuis, le 3 p. 100, loin d'avoir reconquis
« l'élasticité » annoncée par une bouche officielle, et de rebondir au-
dessus de « 70, 71 ou 72 francs, » se traîne presque toujours entre
64 et 68.

« En somme, je ne nie pas que ces opérations de conversion ne
soient une chose très-belle, d'un mécanisme compliqué et savant, mais
elles ont diminué mon patrimoine d'abord du dixième du revenu, et
ensuite de 8 p. 100 du capital. »

Les derniers chiffres que nous venons de citer nous permettront
d'examiner une théorie émise par certains publicistes, théorie folle qui
témoigne de la fécondité d'esprit, on pourrait presque dire de l'*hu-
mour* de ceux qui l'ont trouvée et de ceux qui persistent à la soutenir.
Suivant eux, un État est d'autant plus riche, d'autant plus solidement
assis qu'il doit davantage. Dans cette théorie il y a de l'économie et de
la politique. La question économique est si singulière que les hommes
de science ont dédaigné de l'examiner, mais on peut dire deux mots de
la question politique.

Les porteurs de rentes, qui, en 1865, étaient au nombre de 1,085,000,
formeraient, dit-on, une espèce de phalange conservatrice ennemie
des révolutions, un centre de gravité ; en deux mots les rentiers se
diraient : « Toute révolution amène la banqueroute, » et, par consé-

quent, ils empêcheraient toute révolution. L'histoire nous apprend que cette théorie pèche par la base. Il est faux que toute révolution amène la banqueroute. Au contraire, c'est précisément dans les révolutions que, malgré les circonstances les plus critiques, l'honnêteté publique se montre avec le plus d'énergie et rend la banqueroute impossible,

L'histoire est là pour le prouver. La première Constituante avait chargé le peuple d'accepter la signature de la monarchie et de payer ses dettes. On sait l'acharnement que le peuple mit à exécuter cet engagement pris par ses mandataires. Longtemps après, quand Paris servait de camp à l'ennemi, le Sénat déclara dans une proclamation au peuple français « qu'il ne serait porté aucune atteinte à la dette publique. » Le 2 mai suivant, Louis XVIII insérait ces mots dans la déclaration de Saint-Ouen : « La dette publique sera garantie. » Plus près de nous, le gouvernement provisoire de 1848 employait au payement par anticipation des arrérages de la rente les derniers millions qui restaient en caisse, sans savoir s'il pourrait les remplacer. On le voit, n'en déplaise à des financiers fantaisistes, la nation française, au milieu de ses révolutions multiples, n'a jamais oublié les enseignements de l'honneur. Quant aux rentiers, qu'on nous présente comme un bataillon de conservateurs acharnés, il nous semble au contraire que, dans nos discordes civiles, ce sont eux qui les premiers lâchent pied devant l'anarchie et que c'est de leurs rangs que part le cri fatal de : Sauve qui peut ! Ce sont eux qui firent la baisse après Austerlitz et la hausse après Waterloo ; eux qui, au premier cri de guerre, jettent leurs rentes sur le marché, pour en porter le prix à la Banque, dont ils engorgent les caves ; eux qui, en 1814, saisis par la peur, voulurent la capitulation de Paris et causèrent la trahison de Marmont.

Benjamin Constant disait au Tribunat, dans la séance du 28 ventôse an IX : « Moins la dette est considérable, plus elle vaut. » Est-il donc nécessaire de s'étayer de l'opinion si nettement exprimée d'un homme éminent pour prouver qu'il importe à l'État comme à un particulier de ménager ses ressources et d'éteindre ses dettes ?

Résumons par deux chiffres les opérations financières du gouvernement actuel :

La dette inscrite est aujourd'hui de................................. 340.830.207
Elle était, le 2 décembre 1851, de........................... 230.768.863

Différence en plus........................... 110.061.344

Ce chiffre si considérable va s'augmenter du montant des inscriptions créées pour représenter le capital du nouvel emprunt.

VIII

On voit, par tout ce qui précède, quel est le résultat de la gestion de chaque gouvernement en particulier; est-il possible de tirer de ces chiffres un enseignement plus complet? Après la responsabilité personnelle de chaque souverain, et des groupes d'hommes qui ont présidé successivement aux destinées de la France, ne convient-il pas de rechercher la part de responsabilité qui incombe à chaque système gouvernemental lui-même? Notre pays, depuis la commotion de 1789, a tout essayé : république, empire, régime constitutionnel; il cherche encore sa forme politique définitive. Cela est vrai plus que jamais de nos jours, où, la constitution étant perfectible, la lutte s'établit au sein du Corps législatif entre les partisans du gouvernement personnel et ceux du gouvernement parlementaire.

Demandons aux feuillets sibyllins du Grand livre les enseignements qu'ils contiennent sur cette question vitale. Demandons-leur sous quelle forme gouvernementale a été le moins ménagée la fortune du citoyen, et quel gouvernement a le plus contribué à l'augmentation de la dette publique.

DÉPOUILLEMENT GÉNÉRAL DU GRAND LIVRE

ET RÉPARTITION DE LA RENTE SUIVANT LA RESPONSABILITÉ ENCOURUE PAR LES DIVERS RÉGIMES DANS SA CRÉATION (1).

§ I. ANCIEN RÉGIME.

L'administration de l'ancien régime met un tel désordre dans les rouages admininistratifs qu'ils ne peuvent plus fonctionner. Le monarque convoque la nation, représentée par ses États. On tente une réforme pendant laquelle succombe le gouvernement basé sur le droit divin. La République, qui lui succède,

---

(1) Pour simplifier, nous ne tenons pas compte des rentes amorties, mais seulement de la rente active. Du reste, le compte de l'amortissement ne ferait que confirmer et corroborer les conséquences politiques qui vont sortir de ce travail.

s'efforce d'acquitter les dettes qui ont amené la révolution. Attaquée par l'Europe tout entière, elle paye quelque temps les intérêts de l'ancienne dette avec du papier-monnaie, puis avec des bons de pain, de viande et de vêtements. Arrivée au dernier degré de la misère, elle abandonne ses biens aux créanciers de la monarchie en payement des deux tiers de la dette; un tiers seul est conservé. De ce chef on inscrit sur le Grand livre, ouvert pour la première fois, une somme de.......... 40.216.000

§ II. RÉGIME RÉPUBLICAIN.

Première République.

La première République se voit forcée de baser tout son système financier sur une monnaie fiduciaire, les assignats. La crainte de la contre-révolution amène une baisse excessive de cette valeur, et oblige à une émission exagérée. Une fabrique de faux assignats, fonctionnant administrativement à Londres sous la direction d'un émigré qui avait dirigé jadis les finances de la monarchie, achève la débâcle, et la République succombe sous le faix. Le gouvernement personnel de Napoléon survient alors, ne se préoccupe que des sommes primitivement dues aux fournisseurs des armées, et pour les acquitter il inscrit sur le Grand livre des rentes dont le chiffre s'élève à 10,254.000

Deuxième République.

La seconde République, issue subitement d'un mouvement qu'on croyait moins grave, se trouve en présence d'une situation financière telle qu'on craint une banqueroute. Comme le gouvernement de la Restauration, elle pense que la loyauté, la netteté dans les opérations est le meilleur moyen de calmer l'orage. Elle liquide en quelques semaines et à son honneur les dettes laissées par le gouvernement parlementaire, affranchit les noirs des colonies, et placée pourtant entre deux révolutions, ne laisse aucun arriéré. Elle augmente le Grand livre d'une somme de........................... 27.752.735

On voit que la part de responsabilité du régime républicain s'élève à.................. 38.006.735   38.006.735

A reporter............. 78.222.735

Report............:.... .   78.222.735

§ III. RÉGIME PARLEMENTAIRE.

Gouvernement de la Restauration.

La liberté était revenue en France avec le retour des Bourbons, qui pourtant nous furent imposés par l'ennemi. Le gouvernement parlementaire trouva au moment de sa naissance une charge bien lourde, léguée par le passé ; mais le contrôle incessant de la représentation nationale sur les actes du pouvoir exécutif produisit bientôt ses effets, et la majorité parlementaire remit le timon des affaires aux mains d'un grand ministre, M. de Villèle. Cette première phase du gouvernement représentatif se traduit ainsi :

La Restauration trouve au Grand livre, le 1er avril 1814............................ 63.307.637

Elle doit payer l'arriéré de l'Empire, ou.... 129.530.835

Elle hérite donc du passé d'une charge s'élevant à................................. 192,838.472

Pourtant elle ne laisse au Grand livre, le 1er août 1830, que........................ 164.568.100

Malgré l'indemnité d'un milliard et les guerres d'Espagne et de Grèce, on avait économisé... 28.270.372

Gouvernement de Juillet.

Le gouvernement nouveau, issu d'un mouvement qui réclamait l'application des principes constitutionnels dans toute leur pureté, suit d'abord religieusement les errements de son aîné. De stériles questions de politique étrangère et le commencement de la construction du réseau des chemins de fer l'en éloignent ; pourtant, en dix-huit ans, il ne crée que pour 12 millions de rente. A raison de sa chute inattendue, il laisse néanmoins un arriéré dont la liquidation porte la totalité des rentes dont il demeure responsable à.................................. 38.448.028

Cette somme fait disparaître les économies faites par la Restauration durant la première phase du gouvernement parlementaire. Toute déduction faite, on voit que trente-quatre années de régime parlementaire n'ont grevé les générations à venir que d'une charge perpétuelle de. 10.177.656   10.177.656

A reporter................ 88.400.391

Report. 88.400.391

§ IV. RÉGIME IMPÉRIAL

Premier Empire.

Napoléon, en inaugurant au 18 brumaire le gouvernement personnel, n'imite pas la première République et néglige à peu près complétement les dettes de l'administration précédente. Les indemnités de guerre allégent le budget; mais bientôt l'Europe se soulève. Nous perdons les frontières conquises par la première République, au prix du sang de ses enfants et de son honorabilité financière. Le gouvernement impérial, tant par suite des inscriptions qu'il a opérées lui-même qu'à raison de celles que la Restauration a dû opérer pour couvrir le déficit de l'Empire, ajoute donc au Grand livre une somme de.   142.368.472

Deuxième Empire.

Le gouvernement personnel, inauguré de nouveau le 2 décembre 1851, ne trouve pas, ainsi que la première, la seconde République et le gouvernement parlementaire en 1814, une situation financière embarrassée, une liquidation difficile à opérer. Comme le consulat, il n'hérite d'aucune charge. Son système s'éloigne pourtant immédiatement de celui du gouvernement constitutionnel. Ainsi que le premier Empire, il affectionne les grands travaux publics et supporte de grandes guerres; mais les dépenses qui en résultent ne sont pas, comme dans la période de 1800 à 1814, acquittées par l'ennemi; aussi augmente-t-il le Grand livre d'une somme de.   110.061.344

Total de la part prise par le régime impérial dans la création de la dette publique. 252.429.816   252.429.816

Total des rentes composant à ce jour la dette perpétuelle de la nation française. 340.830.207

IX

Le lecteur, qui aura pris la peine de nous suivre dans ce long dépouillement du Grand livre, est arrivé avec nous au résultat suivant :

La dette inscrite est imputable aux divers gouvernements qui se sont succédé en France, dans les proportions suivantes, que nous établissons pour plus de clarté en négligeant les fractions inférieures à un centième :

Gouvernement personnel (premier et deuxième Empires).................... 252.429.816 soit 75 p. 100

Ancien régime........................ 40.216.000 soit 11 p. 100

Gouvernement républicain (première et deuxième Républiques)................. 38.006.735 soit 11 p. 100

Gouvernement parlementaire (Restauration et monarchie de Juillet).......... 10.177.656 soit 3 p. 100

Total.............. 340.830.207

Ainsi le gouvernement personnel, en moins de deux règnes, et en vingt-cinq ans, a créé les trois quarts de la dette publique.

Et ce chiffre n'est pas suffisant! Voici que le déficit apparaît! voici qu'on ouvre ce Grand livre, si solennellement fermé!

Pourtant M. le ministre d'État Rouher disait à la tribune, au cours de la dernière session, dans la séance du 27 février : « Nous avons conduit le pays graduellement et chaque année a des destinées meilleures. »

La cherté de toutes choses, les inquiétudes générales, les misères matérielles et morales dont nous souffrons tous sont-elles bien d'accord avec l'optimisme ministériel? Cependant le pays n'a reculé devant aucun sacrifice; il a remis à l'Empire pendant ses quinze premières années...................................... 29,798,564,836

Il n'avait remis au gouvernement de Juillet pendant ses quinze dernières années que...... 18,740,335,009

L'Empire a donc reçu et dépensé en plus..... 11,058,229,827 (1)

(1) Nous empruntons ces derniers chiffres à l'excellent ouvrage de M. Raoul Boudon : *La vérité sur la situation politique et financière de l'Empire.* Paris, Dubuisson, 1868. Les calculs de l'auteur de cet ouvrage reposent aussi sur ceux du Livre bleu.

Onze milliards !!

Sous la Restauration, quand on vota cette *indemnité aux émigrés* qui du moins guérissait une plaie sociale, l'illustre général Foy produisit une sensation profonde en disant : « Savez-vous qu'il ne s'est pas écoulé un milliard de minutes depuis la naissance de Jésus-Christ? »

Avec onze milliards, Monsieur le ministre d'État, vous auriez pu créer sans le secours d'aucune compagnie trente-six mille kilomètres de chemins de fer, c'est-à-dire une ligne pouvant faire le tour de la terre.

Avec 11 milliards, vous auriez construit trois millions six cent mille maisons ouvrières pareilles à ces maisons mulhousiennes que nous avons admirées à l'Exposition, et vous auriez pu, pendant soixante ans, loger pareil nombre de familles représentant dix-huit millions d'âmes ; soit près de la moitié de la population française.

Avec 11 milliards, on pourrait faire face au budget actuel de tous les bureaux de bienfaisance de l'Empire pendant six cent quarante-cinq ans, c'est-à-dire pendant un nombre d'années égal à celui qui s'est écoulé depuis la mort de Philippe-Auguste.

Avec 11 milliards on ferait bénéficier de la récente compensation sur le prix du pain les dix-sept cent mille habitants du Paris actuel pendant près de quinze siècles.

Avec 11 milliards on pourrait défricher et irriguer l'Algérie entière, réconcilier les deux races, relever les arcs de triomphe, les aqueducs des Romains, reconstituer les cités orientales des rois maures.

En présence de combien de misères, de souffrances persistantes à été fait cet énorme supplément de dépenses budgétaires !

En France, dans ce pays doté cependant par la nature d'un sol plantureux, d'un ciel clément, il existe trois millions d'indigents, parmi lesquels trois cents meurent annuellement de froid et de faim, soit quatre mille cinq cents pour quinze années. « Encore, dit un rapporteur officiel (M. de Melun), il ne faut pas compter dans cette funèbre catégorie ceux qui succombent lentement aux maladies provenues d'un trop long jeûne, d'une habitation malsaine, de haillons trop légers pour la saison d'hiver ; ni cette multitude d'enfants qui, arrêtés dans leur croissance par l'insuffisance de nourriture, n'ont pu être assez forts pour surmonter la crise de leur développement. »

Et cela se passe sous nos yeux, trois quarts de siècle après la Révolution, pendant que roule sans laisser d'alluvions un fleuve d'or de ONZE MILLIARDS.

PARIS. — IMPRIMERIE L. POUPART-DAVYL, RUE DU BAC, 30.